Searchlight
BOOKS™
en español

¿Qué son
las fuentes
de energía?

Aprender sobre

el carbón,
el petróleo
y el gas natural

Matt Do

T0016548

ediciones Lerner
Mineápolis

ediciones Lerner
Una división de Lerner Publishing Group, Inc.
241 First Avenue North
Mineápolis, MN 55401, EE. UU.

Si desea averiguar acerca de niveles de lectura y para obtener más información, favor consultar este título en www.lernerbooks.com.

Texto principal configurado en Adrianna Regular 13/20
Tipografía proporcionada por Chank

Library of Congress Cataloging-in-Publication Data

The Cataloging-in-Publication Data for *Aprender sobre el carbón, el petróleo y el gas natural* is on file at the Library of Congress.
ISBN 978-1-7284-7438-0 (lib. bdg.)
ISBN 978-1-7284-7494-6 (pbk.)
ISBN 978-1-7284-7495-3 (eb pdf)

Fabricado en los Estados Unidos de América
1-52034-50547-12/17/2021

Contenido

Capítulo 1

CARBÓN, PETRÓLEO Y GAS NATURAL

Encender un interruptor de luz. Viajar en automóvil o camión. Viajar en tren. O simplemente subir la calefacción de tu hogar. ¿Qué tienen todas estas actividades en común? Requieren energía.

Viajar en automóvil requiere energía. ¿Qué otra actividad requiere energía?

¿Pero de dónde viene la energía? Es probable que venga del carbón, el petróleo o el gas natural. Estos tres combustibles fósiles han proporcionado al mundo la mayor parte de su energía durante cientos de años.

Los vagones de tren como estos transportan carbón a las centrales eléctricas.

Las alternativas a los combustibles fósiles incluyen la energía eólica. Las máquinas de abajo, llamadas turbinas eólicas, convierten la energía del viento en electricidad.

Las fuentes de energía alternativas están en aumento. Estas incluyen la energía solar y eólica. Pero los combustibles fósiles siguen siendo la base del suministro energético mundial.

¿Qué es un combustible fósil?

La mayoría de los combustibles fósiles se formaron hace unos 300 millones de años. Esto ocurrió en un período llamado Período carbonífero. La vida era rica en la Tierra en ese momento. Cuando las plantas y los animales murieron, muchos se hundieron bajo pantanos u océanos. Eventualmente formaron un material esponjoso llamado turba.

La turba se forma cuando los árboles y otros seres vivos mueren y se descomponen en los pantanos.

La turba que se muestra aquí es como la turba que se convirtió en combustible fósil durante millones de años.

Durante millones de años, la arena, el barro y las rocas se asentaron sobre la turba. A medida que la turba se hundió más, se encontró con altas presiones y temperaturas. Según su ubicación, la turba se formó a partir de diferentes tipos de plantas y animales muertos. También encontró diferentes presiones y temperaturas. En función de estas condiciones, la turba finalmente se transformó en carbón (un sólido), petróleo (un líquido), o el gas natural.

Los combustibles fósiles se componen principalmente de hidrocarburos. Los hidrocarburos son compuestos ricos en energía formados por hidrógeno y carbono. Cuando los combustibles fósiles se queman, los enlaces de hidrocarburos se rompen. Esto libera mucha energía. Usamos esta energía para impulsar automóviles, calentar nuestros hogares y producir electricidad.

El motor de este automóvil quema gasolina y la convierte en la energía que el automóvil necesita para moverse.

¿Dónde se encuentran los combustibles fósiles?

La mayoría de los combustibles fósiles se encuentran bajo tierra. Todavía están enterrados por toda esa roca y tierra. Muchos depósitos de petróleo y gas natural están debajo de los océanos. O están en lugares donde alguna vez estuvieron los océanos. Eso es porque los océanos son ricos en plantas pequeñas llamadas algas. Estas diminutas plantas constituían la mayor parte del material que creaba el petróleo y el gas natural.

El petróleo y el gas natural tienden a formarse debajo del agua.

Lo contrario se aplica al carbón. La mayoría del carbón se formó debajo de tierra firme en lugar de debajo de los océanos. Eso es porque el carbón se formó principalmente a partir de árboles y plantas muertas. Entonces, los depósitos de carbón se encuentran debajo de la tierra donde una vez estuvieron los grandes bosques pantanosos.

Los restos de tierras boscosas y pantanosas ayudaron a formar carbón.

Capítulo 2

CONVETIR COMBUSTIBLE EN ENERGÍA

Convertir los combustibles fósiles en energía de fácil uso es un proceso largo. Los científicos primero deben encontrar los depósitos. Los combustibles deben recolectarse y refinarse. Entonces están listos para ser quemados para obtener energía.

Un científico busca depósitos de carbón. ¿Cuál es el siguiente paso para convertir un combustible fósil en energía utilizable?

Extracción del carbón, el petróleo, y el gas natural

Cada combustible fósil se extrae de una manera ligeramente diferente. El carbón generalmente se extrae mediante dos métodos principales. Son la minería a cielo abierto y la minería subterránea.

La minería del carbón es un trabajo duro y sucio.

Los camiones recogen carbón en una mina a cielo abierto.

La minería a cielo abierto es útil cuando el carbón está cerca de la superficie. Los mineros excavan orificios y colocan explosivos en ellos. Los explosivos sacan la roca y la tierra del carbón. Luego, los mineros recogen el carbón.

La minería subterránea se utiliza cuando los depósitos de carbón son profundos. Los mineros cavan túneles a cientos o incluso miles de pies bajo tierra. Extraen el carbón. Las máquinas llamadas cintas transportadoras lo llevan a la superficie.

Los mineros usan máquinas que tienen cuchillas especiales para romper el carbón.

Las plataformas petroleras se pueden construir en tierra y sobre el agua.

La mayoría del petróleo se extrae mediante perforación y bombeo. Los geólogos encuentran un depósito de petróleo. Luego, una máquina llamada plataforma petrolera perfora un orificio. Los trabajadores colocan una tubería de acero en el orificio. Al principio, la presión provoca que el petróleo salga a borbotones de la tubería. Cuando la presión cae, las bombas llevan el petróleo a la superficie. El petróleo que sale del suelo se llama crudo.

El proceso es similar para el el gas natural. Los geólogos encuentran depósitos. Los trabajadores perforan hasta el gas para crear un pozo. Llevan el gas natural a la superficie a través de tuberías.

Los trabajadores perforan tuberías en el suelo para extraer gas natural.

Anteriormente, el gas natural se quemaba. Ahora se vende como combustible.

El petróleo y el gas natural a menudo se forman juntos. Entonces, una gran cantidad de gas natural proviene de los mismos depósitos que el petróleo. Se pueden extraer uno al lado del otro. Hace años, se quemaba el gas natural como un producto de desecho. Pero pronto descubrieron que era un combustible valioso.

Nuevos métodos de extracción

En las últimas décadas, los científicos han encontrado nuevas fuentes de petróleo y gas natural. La lutita es una roca que puede ser rica en tipos de petróleo y gas natural. Los mineros extraen la roca. Luego hornean la lutita a temperaturas muy altas. Esto hace que el petróleo salga de las rocas. Este petróleo es muy similar al crudo.

La lutita se cuece a altas temperaturas para expulsar el petróleo.

Otro método llamado fracturamiento hidráulico, o fracking, también se ha vuelto popular. Los trabajadores perforan pozos a gran profundidad. Luego les bombean agua, arena y productos químicos. Estos materiales hacen que la lutita que se encuentra en las profundidades del subsuelo se fracture o se rompa. Esto libera petróleo y gas. Los trabajadores bombean estos combustibles a la superficie para su recolección.

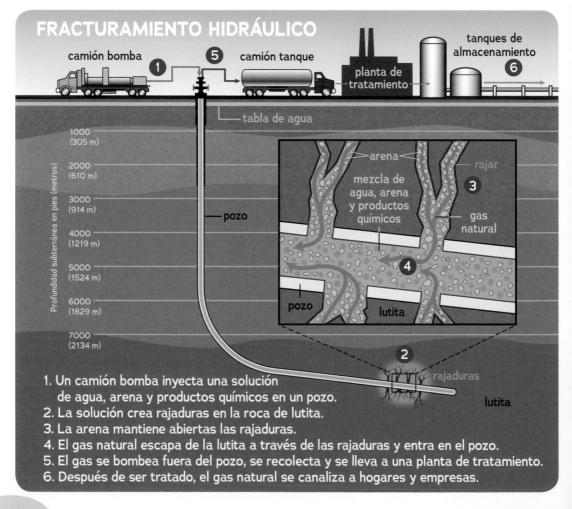

FRACTURAMIENTO HIDRÁULICO

camión bomba

tanques de almacenamiento

5 camión tanque

planta de tratamiento

1

6

tabla de agua

1000 (305 m)

2000 (610 m)

3000 (914 m)

pozo

4000 (1219 m)

5000 (1524 m)

6000 (1829 m)

pozo

7000 (2134 m)

Profundidad subterránea en pies (metros)

arena

rajar

mezcla de agua, arena y productos químicos

3

gas natural

4

lutita

2

rajaduras

lutita

1. Un camión bomba inyecta una solución de agua, arena y productos químicos en un pozo.
2. La solución crea rajaduras en la roca de lutita.
3. La arena mantiene abiertas las rajaduras.
4. El gas natural escapa de la lutita a través de las rajaduras y entra en el pozo.
5. El gas se bombea fuera del pozo, se recolecta y se lleva a una planta de tratamiento.
6. Después de ser tratado, el gas natural se canaliza a hogares y empresas.

Refinería

La mayoría del carbón está listo para ser quemado desde el momento en que se extrae. Pero el petróleo y el gas natural no están listos para usarse directamente del suelo.

El petróleo y el gas natural deben enviarse a una refinería antes de poder utilizarse como combustible.

El petróleo crudo se refina en gasolina que se usa en automóviles.

El petróleo crudo es una mezcla de muchos hidrocarburos. El petróleo crudo va a una refinería. Allí, las máquinas separan los hidrocarburos. Algunos de ellos se convierten en gasolina. Otros se convierten en aceite de calefacción o aceite de motor. Otros se utilizan para fabricar materiales como plásticos.

El gas natural también necesita cierto procesamiento. El gas natural crudo incluye los gases metano, propano y butano. Una planta de procesamiento de gas natural separa estas sustancias. Luego, el metano está listo para ser canalizado a los hogares para calentarlo y cocinar. Mientras tanto, gases como el butano y el propano también son combustibles útiles.

El gas natural no tiene olor, por lo que se le agrega un olor como precaución de seguridad. El gas natural es peligroso si se filtra en un edificio.

Capítulo 3

LAS VENTAJAS Y DESVENTAJAS DE LOS COMBUSTIBLES FÓSILES

Se han quemado combustibles fósiles por siglos. Los combustibles fósiles son abundantes. Son confiables y fáciles de usar. Los avances en la ciencia y la tecnología nos ayudan a encontrar nuevas fuentes de combustibles fósiles. También nos brindan mejores formas de extraerlos.

Esta planta quema carbón para obtener energía. ¿Cuál es una de las ventajas del carbón y otros combustibles fósiles?

Estas personas se manifiestan en contra de las centrales eléctricas de carbón.

Pero los combustibles fósiles pueden no ser una buena solución a largo plazo para nuestras necesidades energéticas. El debate sobre su futuro parece crecer cada vez más.

Suministro

Los combustibles fósiles son un recurso no renovable. Una vez que se queman, desaparecen. Entonces, aunque la Tierra todavía tiene una gran cantidad de ellos, el suministro sigue disminuyendo. No podemos seguir quemándolos por siempre.

Esta plataforma petrolera ha sido abandonada porque ha bombeado todo el petróleo que puede alcanzar.

Muchas personas buscan fuentes de energía alternativa. Los recursos renovables como la energía solar, la energía eólica y la energía hidráulica no se agotarán mientras brille el sol.

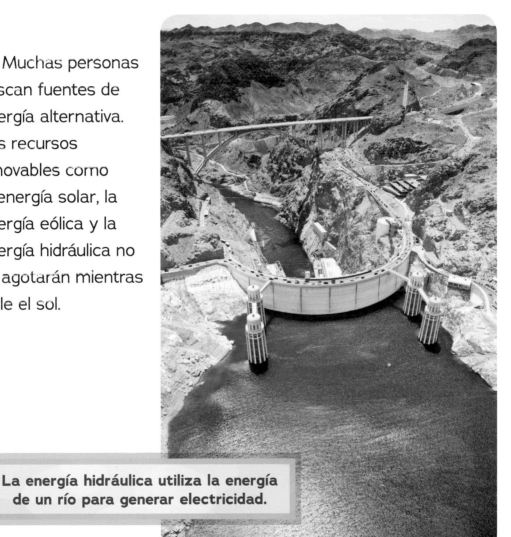

La energía hidráulica utiliza la energía de un río para generar electricidad.

El medioambiente

Los combustibles fósiles son perjudiciales para el medioambiente. Las minas de carbón hacen mella en el suelo. Los derrames de petróleo en el océano dañan e incluso matan peces, aves y otras especies marinas. Y la quema de combustibles fósiles genera una gran cantidad de contaminación.

Esta nutria marina está cubierta de petróleo de un derrame. El petróleo evita que la nutria mantenga su temperatura corporal y puede matarla.

El smog es tan grave en algunas ciudades que las personas tienen que usar mascarillas cuando salen a la calle.

Muchas grandes ciudades viven bajo una nube de smog. El smog es la contaminación de la gasolina que queman millones de automóviles y camiones. Las centrales eléctricas de carbón también contribuyen al smog.

La mayor parte del carbón contiene sustancias tóxicas. Algunas de estas sustancias nocivas se liberan a la atmósfera cuando se quema carbón.

Las centrales eléctricas de carbón contribuyen a la contaminación del aire.

Los métodos más nuevos de extracción, como el fracking, también puede dañar el medioambiente. Las personas se preocupan de que los productos químicos utilizados en el fracking se filtren en los suministros de agua. Incluso se ha descubierto que el fracking provoca pequeños terremotos. Y aún se desconocen los efectos ambientales a largo plazo del fracking.

Cambio climático

Cuando se queman los combustibles fósiles, liberan mucho dióxido de carbono. Los científicos advierten que la liberación de una gran cantidad de este gas a la atmósfera puede provocar cambios en el clima de la Tierra. El cambio climático mundial podría tener efectos terribles. Ya está provocando que el hielo en los polos se derrita y el nivel del océano aumente. El cambio climático podría alterar los patrones climáticos e interrumpir el suministro de alimentos. E incluso puede provocar tormentas más fuertes y mortales.

El cambio climático global está derritiendo los casquetes polares.

Los paneles solares producen energía solo cuando sale el sol.

Pero las personas sostienen que otras fuentes de energía simplemente no son tan buenas. Las fuentes de energía alternativa no son tan confiables. El viento no siempre sopla. No podemos utilizar la energía del sol por la noche. Pero un puñado de carbón siempre se quema. Es por eso que muchas personas creen que los combustibles fósiles seguirán siendo nuestra mejor fuente de energía durante mucho tiempo.

Capítulo 4

EL FUTURO DE LOS COMBUSTIBLES FÓSILES

Los combustibles fósiles no desaparecerán pronto. Las fuentes de energía alternativa son cada vez más populares. Pero no están preparadas para reemplazar por completo a los combustibles fósiles. Hasta que lo estén, el carbón, el petróleo y el gas natural seguirá siendo una parte clave del suministro energético mundial.

Los hornos que queman gas natural calientan muchos hogares. ¿Cuál es un inconveniente de los combustibles fósiles como el gas natural?

Pero los suministros de combustibles fósiles están disminuyendo. Los combustibles no son tan fáciles de conseguir como antes. Las plataformas petroleras de aguas profundas deben perforar en aguas más profundas y peligrosas. A medida que los combustibles fósiles se vuelven más difíciles de encontrar, la energía renovable será cada vez más importante.

Las plataformas petrolíferas de aguas profundas a menudo necesitan perforar en aguas más profundas y peligrosas para obtener petróleo.

Conservación

El uso de energía renovable es excelente. Pero no siempre es posible. Entonces, todos podemos ayudar a reducir la cantidad de combustibles fósiles que utilizamos. Es una simple cuestión de conservar energía.

Andar en bicicleta en lugar de viajar en automóvil es una buena manera de reducir el uso de combustibles fósiles.

¿Cómo se hace? Hay muchas formas. Asegúrate de no dejar las luces encendidas cuando no estés en una habitación. Apaga los televisores y las computadoras cuando no los estés usando. Camina hasta el parque en lugar de viajar en automóvil. Usa bolsas de supermercado reutilizables en lugar de bolsas de plástico. Recicla todo lo que puedas. Se necesita mucha menos energía para reciclar materiales que para hacerlos nuevos. Todo ayuda.

Usar bolsas de supermercado reutilizables es solo una forma en que puede usar menos energía.

Glosario

algas: pequeñas plantas que no tienen raíces ni tallos, y que crecen principalmente en el agua

combustible fósil: un combustible como el carbón, el gas natural o el petróleo que se formó durante millones de años a partir de los restos de plantas y animales muertos

confiable: que ofrece un buen rendimiento constante

fuente de energía alternativa: una fuente de energía distinta a los combustibles fósiles tradicionales

hidrocarburo: un compuesto formado solo de hidrógeno y carbono

lutita: un tipo de roca a menudo rica en petróleo y gas natural

no renovable: que no se puede reabastecer. Una vez que una forma de energía no renovable se agota, desaparece para siempre.

petróleo crudo: el petróleo que sale de la tierra y es una mezcla de muchos hidrocarburos diferentes

refinar: eliminar elementos no deseados de una sustancia

renovable: que se puede reabastecer a lo largo del tiempo

turba: un material compuesto principalmente de materia vegetal en descomposición

Más información

Libros

Chambers, Catherine. *Energy in Crisis*. Nueva York: Crabtree, 2010. Obtén más información sobre la crisis energética y las preocupaciones sobre el suministro energético futuro del mundo. El libro también analiza el cambio climático y las posibles soluciones energéticas para el futuro.

Fridell, Ron. *Earth-Friendly Energy*. Mineápolis: Lerner Publications, 2009. Explora las fuentes de energía alternativas, como la energía hidráulica, eólica y solar, y cómo estas fuentes de energía pueden impulsar nuestro futuro.

Goodman, Polly. *Understanding Fossil Fuels*. Nueva York: Gareth Stevens, 2011. Este título examina la historia, la minería, el uso actual y el futuro de los combustibles fósiles.

Hansen, Amy S. *Fossil Fuels: Buried in the Earth*. Nueva York: PowerKids Press, 2010. Este título analiza cada etapa de los combustibles fósiles, desde la formación hasta la minería y el uso. Los lectores también conocerán los peligros de los combustibles fósiles y las alternativas futuras.

Sitios web

Energy Kids—Nonrenewable Energy Sources

http://www.eia.gov/kids/energy.cfm?page=nonrenewable_home-basics
Obtén más información sobre el carbón, el petróleo y el gas natural con imágenes, mapas y gráficos de este sitio web.

How Oil Refining Works

http://science.howstuffworks.com/environmental/energy/oil-refining1.htm
Examina con más detalle el proceso de refinación del petróleo crudo en gasolina, combustible para calefacción y muchos otros productos.

Índice

Agradecimientos por las fotografías

Las imágenes de este libro se utilizan con el permiso de: © iStockphoto.com/caracterdesign, p. 4; © Brad Sauter/Dreamstime.com, p. 5; Iberdrola Renewables, Inc./Departamento de Energía/Laboratorio Nacional de Energía Renovable, p. 6; © Publiphoto/Science Source, p. 7; © iStockphoto.com/w-ings, p. 8; © Sam Lund /Independent Picture Service, p. 9; © John R. Kreul/Independent Picture Service, p. 10; © iStockphoto.com /DanBrandenburg, p. 11; © Sumit buranarothtrakul/Shutterstock.com, p. 12; © Velvetweb/Dreamstime.com, p. 13; © Awcnz62/Dreamstime.com, p. 14; © Monty Rakusen/Cultura/Getty Images, p. 15; © iStockphoto.com /westphalia, p. 16; © Bloomberg/Getty Images, p. 17; © Ed Darack/Science Faction/SuperStock, p. 18; © iStockphoto.com/CedarWings, p. 19; © Laura Westlund/Independent Picture Service, p. 20; © iStockphoto. com/RicAguiar, p. 21; © iStockphoto.com/antikainen, p. 22; © Todd Strand/Independent Picture Service, p. 23; © airphoto.gr/Shutterstock.com, p. 24; © Robert Nickelsberg/Getty Images News/Getty Images, p. 25; © Bali58/Dreamstime.com, p. 26; © iStockphoto.com/Jennifer_Sharp, p. 27; © FLPA/SuperStock, p. 28; © iStockphoto.com/sndrk, p. 29; © iStockphoto.com/Schroptschop, p. 30; © a katz/Shutterstock.com, p. 31; © Danita Delimont/Gallo Images/Getty Images, p. 32; © iStockphoto.com/RyanKing999, p. 33; © iStockphoto. com/nycshooter, p. 34; © iStockphoto.com/landbysea, p. 35; © Brian Summers/First Light/Getty Images, p. 36; © Fuse/Thinkstock, p. 37.

Portada: © RonFullHD/Shutterstock.com.